Knaur
MensSana

Über den Autor:

Rients Ritskes, geboren 1957, absolvierte die Hochschule für Ökonomie in Utrecht und war von 1981 bis 1991 als Dozent an der Universität von Utrecht tätig. Während dieser Zeit hielt er sich immer wieder zu Studienzwecken in Japan auf. Seit 1991 ist er Zen-Lehrer und Management-Trainer und leitet das »Zen-Bildungs- und Beratungszentrum« in Utrecht.

Rients Ritskes

Der ZEN-Manager

Kalligrafien von
Sokun Tsushimoto Roshi

Aus dem Niederländischen von
Marianne Schönbach

Knaur
MensSana

Die niederländische Originalausgabe erschien 2000 unter dem Titel
De ZenManager
bei Van Holkema & Warendorf/Unieboek bv, Houten

Die Kalligrafien im Buch stammen von
Zen-Meister Sokun Tsushimoto Roshi, Tokio.

Besuchen Sie uns im Internet:
www.droemer-knaur.de
Alle Titel aus dem Bereich MensSana finden Sie im Internet
unter www.knaur-mens-sana.de

2   4   5   3   1

INHALT

VORWORT

Im modernen Geschäftsleben sind Erfahrung und Wissen ein wertschöpfender Faktor, den es zu managen gilt. Ein Unternehmen muss nicht nur klären, wie es neue Kenntnisse und Erfahrungen sammeln möchte, sondern diese auch Gewinn bringend anzuwenden verstehen. In langen Berufsjahren habe ich gelernt, dass ein solches Management dann am besten funktioniert, wenn man die gesamte Organisation als Organismus betrachtet, in dem miteinander vernetzte und vonei nander abhängige Individuen agieren, deren Kompetenz und Sachverstand sich zum Nutzen des ganzen Unternehmens entfalten. Jedwede Verbesserung des Wissensmanagements setzt die Integration vorhandenen Wissens und vorhandener Erfahrungen voraus, ein Gefühl der Verbundenheit mit anderen und die Bereitschaft dazuzulernen.

Was für ein Unternehmen gilt, trifft auch auf den Einzelnen zu: Jeder sollte wissen, wie er sich selbst erkennt, wie er nütz liche Beziehungen aufbaut und intensiviert und wie er sich weiterentwickelt. Nur dann werden Glück und ein erfülltes Leben möglich.

Vor einigen Jahren wurde mir schlagartig Folgendes klar: Um meine persönlichen Ziele zu erreichen und als Führungskraft alles geben zu können, würde ich meine Ideen und Absichten bewusster und gezielter umsetzen müssen. Deshalb beschäftigte ich mich unter persönlicher Anleitung von Rients Ritskes mit Zazen, der Zenmeditation. Wir haben beide aus den Übungen fruchtbare Erkenntnisse gewonnen, die dieses Buch nun allen Interessierten zur Verfügung stellt. Ritskes besitzt die ganz besondere Begabung, uns die ursprüngliche Tradition des Zen auf eine Weise nahe zu bringen, die den Bedürfnissen von Menschen mit einem anspruchsvollen Beruf entspricht.

All denen, die in ihrem Leben und in ihrer Arbeit mehr Klarheit und Inspiration suchen, bieten die nächsten dreißig Kapitel Einsichten, die es unbedingt wert sind, überdacht und beherzigt zu werden.

Irene McWilliam
Direktorin des Bereichs Forschung und Entwicklung
Philips Design

EINFÜHRUNG

Dieses kleine Buch kann auf mindestens drei Arten gelesen werden. Die erste besteht darin, es ganz normal von vorn bis hinten durchzulesen. Die zweite Möglichkeit wäre, jeden Tag ein Kapitel zu bearbeiten, am besten, bevor der Alltag beginnt. Drittens können Sie sich ein Kapitel pro Woche vornehmen und es während dieser Woche einmal täglich sorgfältig durchlesen. Dies ist der Gründlichkeit wegen besonders zu empfehlen, aber man kann natürlich auch zunächst den ersten Vorschlag aufgreifen und das Buch dann gemäß Methode zwei oder drei noch einmal lesen.

Doch unabhängig von der Art und Weise, wie Sie das Buch nutzen, hoffe ich, dass es Ihnen zu persönlichem Erfolg und damit uns allen zu einer besseren Welt verhilft.

Odense, 2000
Rients Ranzen Ritskes
rients@zentrum.dk
www.zentrum.dk

BEWUSSTSEIN

Die Philosophie des Zen will unser Bewusstsein, genauer, das Bewusstsein von uns selbst und unserer Umgebung stärken. Sie steht im Dienste der Selbsterkenntnis, und Konzentration ist ihr wichtigstes Element. Wenn wir versuchen, unsere Aufmerksamkeit ganz auf unsere aktuelle Tätigkeit zu lenken, werden wir merken, wie schwierig wirkliche Konzentration oft ist. Unsere Gedanken schweifen regelmäßig ab. Je häufiger das geschieht, desto schlechter steht es um unsere geistige Verfassung. Sporadische Zerstreutheit bietet keinen Grund zur Besorgnis, doch wenn sie häufig auftritt, sollte man etwas dagegen unternehmen. Zen lehrt uns, unsere Aufmerksamkeit zu kontrollieren und uns besser zu konzentrieren. Wir lernen, unsere Gedanken so zu lenken, dass wir unsere Vorhaben leichter in die Tat umsetzen können. Aber wir lernen auch, dass es Situationen gibt, in denen genau das nicht gelingt. Kurz: Mit Zen lernen wir, wer wir sind und was wir uns zumuten dürfen.

Oft nehmen wir nur einen kleinen Ausschnitt unserer Umgebung wirklich wahr. Das ist nicht schlimm, wenn wir uns dessen bewusst sind. Wenn man weiß, dass man nicht alles weiß, hat man weniger Probleme, als wenn man sich einbildet, genau Bescheid zu wissen. Je aufmerksamer man die Dinge um sich herum wahrnimmt, desto eher bringt man Leben und Arbeit in ein harmonisches Gleichgewicht. Zen ist Bewusstseinstraining. Versuchen Sie einmal, Ihre Umgebung bewusst wahrzunehmen, indem Sie etwas sehen, hören oder riechen, das Sie sonst ignorieren. Das ist Zen und dieser Wahrnehmungsversuch eine echte Zenübung. Die Überlieferung kennt viele Beispiele von Zenlehrern, die unaufhörlich an ihrer Wahrnehmung arbeiten. So etwa dieses: Ein Mönch achtet während der Meditation im Kloster einzig und allein darauf, wie die Asche vom Weihrauchstäbchen in das darunter stehende Schälchen gleitet.

Es gibt Menschen, die am Geräusch der Türglocke erkennen, wer sie da gerade aufsuchen will. Einfach ist diese Übung nicht, denn die Glocke wird nur zweimal kurz angeschlagen, stets auf die gleiche Art. Trotzdem hören Geübte heraus, wer läutet. Von einem Zenmeister wird Folgendes berichtet: Er hatte einmal einen Journalisten zu Gast, als seine Türglocke klingelte. Dem Journalisten fiel auf, dass sich sein Gastgeber freute. Er fragte ihn, ob er verabredet sei und wisse, wer da vor der Tür stehe. »Nein«, sagte der Zenmeister, »ich bin mit niemandem verabredet und weiß auch nicht, wer da vor der Tür steht, aber es freut mich, Ihnen sagen zu können, dass es ein außergewöhnlich erleuchteter Charakter ist.« Herein kam ein neunjähriges Mädchen, das Geld für einen Theaterverein sammelte.

Geschichten wie diese sollen unsere Wahrnehmungsfähigkeit anregen und verbessern. Nicht, damit wir dann auf eine einzelne Wahrnehmung stolz sein können. Ziel ist vielmehr, in Harmonie mit unserer Umgebung zu leben und so unsere Energie optimal zu nutzen. Wenn wir unsere Wahrnehmung täglich und systematisch schärfen, wird sich bald schon unser Bewusstsein erweitern.

LANGER ATEM

In Ryutaku-ji, einem japanischen Zenkloster östlich von Mi-shima, singen Nonnen, Mönche und Laien jeden Morgen eine Stunde lang Sutren, buddhistische Merksätze mit Gebetscha-rakter. Das Besondere an der Rezitation in Ryutaku-ji besteht darin, dass eine bestimmte kurze Sutra 33-mal hintereinander immer schneller und immer lauter wiederholt wird. Beim letz-ten Mal schreit jeder, so laut er kann – eine bemerkenswer-te Abweichung von der sonst üblichen, eher gleichmäßigen Sutra-Rezitation. Die Betenden schreien sich auf diese Weise innerhalb kurzer Zeit warm, vor allem im Winter ein gutes Mittel gegen die Morgenkälte.

Zen bedeutet, für einen langen Atem zu trainieren. Beim Rezi-tieren sollen so viele Silben wie möglich in einem Atemzug aufgesagt werden. Da Sutren keiner Melodie folgen, kann man zu jedem beliebigen Zeitpunkt einatmen. Danach folgt die Meditation. Es handelt sich im Grunde um dieselbe Übung, denn auch hier versucht der Schüler, ruhiger und tiefer zu at-men. Die reduzierte Atmung stellt sich bei Fortgeschrittenen von selbst ein, die Beschäftigung mit Zen verleiht ihnen nach einiger Zeit den angestrebten langen Atem, und zwar umso eher, je besser ihre Kondition ist. Im Kloster wird deshalb viel Holz gehackt, auf dem Land und im Garten gearbeitet, und manchmal werden sogar Wettrennen veranstaltet.

Zen ist kein Wettbewerb, bei dem gewinnt, wer die geringste Zahl von Atemzügen pro Minute schafft. Vielmehr sollen Geist und Körper miteinander in Einklang treten und uns auch in aufregenden Momenten ruhiges Atmen ermöglichen. Für den Berufsalltag des Managers, das wird jede erfahrene Führungskraft bestätigen, ist es sehr wichtig, ruhig und tief atmen zu können. Im Atmen besteht eine enge Beziehung zwischen Körper und Geist. Wer körperlich fit ist, bringt eine wichtige Voraussetzung für den sprichwörtlichen langen Atem mit, der wiederum körperlicher Anspannung vorbeugen kann und uns hilft, die wirklich wichtigen Ziele zu realisieren.

Durch konzentriertes Aufsagen von Sutren verspürt der Zenschüler im Mund einen süßen Geschmack, der im wörtlichen wie übertragenen Sinn auch auftritt, wenn es ihm nach intensiver Meditation gelungen ist, tief und ruhig zu atmen. Ein erfolgreicher Manager kennt diesen Geschmack ebenfalls, er weiß dann, dass er eine schwierige Situation bewältigt hat, ohne Kräfte zu vergeuden. Er hat im Gegenteil geistige und körperliche Energie erzeugt. Die Rezitation von Sutren, Meditation, Sport und Management haben zumindest eins gemeinsam: Sie helfen, unsere körperliche und geistige Verfassung zu verbessern und die Harmonie zwischen Körper und Geist zu steigern.

ETHIK

Der eigentliche Kern des Zen ist das Vertrauen in das wirklich Gute im Menschen. Die durch Meditation erworbenen Erkenntnisse werden vom Lehrer gleichsam von Herz zu Herz weitergegeben. Zen kennt weder Dogmen noch heilige Bücher. Es lehrt vielmehr, mit Hilfe von Versenkung und Beschränkung das Gute in uns selbst und in anderen an den Tag zu bringen.

In der Meditation geben wir unseren Gefühlen Raum. Wir sprechen sie nicht aus, sondern konzentrieren uns auf sie und lernen auf diese Weise unsere verborgenen Seiten kennen. Diese Selbsterkenntnis wiederum verleiht uns die Fähigkeit, unser Denken und Handeln zu steuern. Meditieren heißt, sich zu konzentrieren, indem man etwa Atemzüge zählt. Das ist gar nicht so einfach. Zu viele durch unverarbeitete Emotionen hervorgerufene Gedanken lenken uns ab. Wenn wir uns jedoch ganz auf diese Gefühle konzentrieren, werden sie uns danach weniger stören. Regelmäßiges Meditieren kann bewirken, dass wir besser schlafen. Alles gelingt besser, wenn unser Blick auf uns selbst und unsere Umgebung nicht durch zu viele Empfindungen verstellt ist. Sollten wir trotz Versenkung nicht imstande sein, unseren Gedanken eine bestimmte Richtung zu geben, dann will uns der Gedanke, der uns ablenkt, etwas lehren. Er macht uns unsere Gefühle bewusst. Nicht anders verhält es sich im Alltag. Wenn wir eine bestimmte Tätigkeit nicht mit ganzer Aufmerksamkeit und Überzeugung zu Ende bringen können, dann steht unserem Handeln offenbar ein anderer Gedanke, eine andere Absicht im Weg. Indem wir diesem Gedanken in der Meditation systematisch nachspüren, finden wir ein Stück weit zu unserer wahren Natur zurück. Das verlangt allerdings einige Anstrengung.

Die wichtigsten Voraussetzungen sind Disziplin und ein guter Zen-Lehrer, der uns unterstützt. Nur wer täglich meditiert und das eigene Verhalten überprüft, wird anstelle von alten, unverarbeiteten Gefühlen sein Herz sprechen lassen.

Ein Manager, der es versteht, in dieser Form an sich und seinem Verhalten zu arbeiten, weiß tief in seinem Innern, was wirklich gut ist. Er wird auch die Menschen in seiner Umgebung zu klarerem Denken und konzentriertem Handeln motivieren können.

AUSGEWOGENHEIT

Geld steht für Energie. Wohin unser Geld fließt, dahin fließt auch unsere Energie. Ja, man könnte sogar sagen: Wo unser Geld ist, da ist unser Herz. Daher sollten wir gelegentlich überprüfen, ob unsere Ausgaben mit unseren Wünschen übereinstimmen. Viele Menschen legen etwas für schlechte Zeiten zurück. Sicher ist es kein Fehler, Reserven zu haben – aber manchmal konzentrieren wir uns so sehr aufs Sparen, dass wir das Erreichte gar nicht mehr genießen. Sparen und Energieaufwand sollten einander die Balance halten. Manche Menschen oder auch Unternehmen sind zu nett. Sie verschenken lieber Geld, als dass sie etwas fordern. Dies ist ebenfalls ein Zeichen von Unausgeglichenheit. Es ist gut, nett zu sein, aber wenn dieses Verhalten einseitig bleibt, wird man irgendwann nicht mehr ernst genommen. Wer viel gibt, darf auch viel verlangen. Ständige Bescheidenheit ist genauso unklug wie übertriebene Selbstsucht: Beides erzeugt Spannungen in uns selbst und in der Beziehung zu unserer Umgebung. Wenn Spannungen auftreten, sollten wir überprüfen, ob sich Nehmen und Geben in uns die Waage halten. Selbstbewusstsein und Offenheit ermöglichen ein Gleichgewicht und lassen die Energie fließen.

Manche glauben, der spirituell orientierte Mensch dürfe nicht auf finanzielle Vorteile spekulieren. Auf eine bestimmte Weise stimmt das auch. Ein gut gelebtes Leben ist per saldo immer ausgewogen. Wer in guter Absicht viel gibt, sollte viel zurückbekommen, wer andererseits zu viel Energie von anderen erhält, ist selten glücklich. Dann stellt sich schnell das Gefühl ein, etwas schuldig geblieben zu sein. Wir können unsere eigene Energie am besten dann entfalten, wenn auch unsere Umgebung weiß, wie man Energie leichter zum Fließen bringt. Es ist besser, jemandem beizubringen, wie man Fische fängt, als ihm Fisch zu schenken. Letzteres schafft Abhängigkeit. Hilfe zur Selbsthilfe bewirkt gerade das Gegenteil: Unabhängigkeit. Ein Gleichgewicht zwischen Aufwand und Ertrag beziehungsweise Kosten und Nutzen ist langfristig gesehen die Voraussetzung, dass wir von unserer Umgebung ernst genommen werden.

Ein Zen-Lehrer blieb einem großzügigen Spender den Dank für dessen Beitrag zum Bau einer neuen Meditationshalle schuldig. Als der Geldgeber sich darüber erstaunt zeigte, eröffnete ihm der Zen-Lehrer, dass im Gegenteil er, der Spender, dankbar sein müsse, etwas geben zu dürfen. Und so ist es. Wir können Energie nicht besitzen, sondern sie eigentlich nur weitergeben. Je mehr Energie wir weitergeben, desto intensiver leben wir. Wenn wir die Energie immer bewusst und frei fließen lassen, dann erweisen sich Aufwand und Kosten als genauso wohltuend, genauso angenehm wie Ertrag und Nutzen. Geben und Nehmen sind dann per saldo im Gleichgewicht.

ABSICHT

Unser Verhalten wird durch vorhergehende Gedanken und diese wiederum größtenteils durch ihnen vorausgehende Erfahrungen bestimmt, die ihrerseits wiederum durch frühere Erfahrungen beeinflusst werden und so weiter. Aus diesem Grund suchen wir die Ursache von psychischen Problemen oft in den ersten Lebensjahren. Denkmuster werden von Generation zu Generation »vererbt«, Eltern übertragen ihre Lebensziele meist unbewusst auf ihre Kinder, die sie wieder an ihre eigenen Kinder weitergeben. Unsere wirklichen Absichten liegen darum oft unter den Erinnerungen vieler Jahre verborgen, während sie doch fortwährend unser Handeln und Denken bestimmen.

Bewusste und unbewusste Absichten durchdringen selbst die kleinsten Details unseres Alltags. Das erläutert eine bekannte Zen-Geschichte: Ein Samurai sagte zu seinem Knecht, er fühle sich bedroht. Aber außer dem Knecht, der wie damals üblich seine Waffen trug, war hinter ihm und sonst weit und breit kein Feind zu sehen. Da wurde der Samurai missmutig und übellaunig, sein Knecht hatte tagelang unter der Fehleinschätzung seines Herrn zu leiden. Schließlich beichtete er ihm, dass sein Gefühl ihn nicht getrogen habe. Er, sein Knecht, habe sich nämlich just in dem Moment, als der Herr sein Gefühl äußerte, mit der Absicht getragen, ihn von hinten zu töten. Auf den ersten Blick sind wir geneigt, dem Samurai hellseherische Fähigkeiten zuzuschreiben. Doch wenn wir das Verhalten von Menschen immer bewusst beobachten, lernen wir bald, ihre Absichten zu erkennen. Der Samurai hat den

Vorfall übrigens genutzt, um seinem Knecht, der gleichzeitig sein Schüler war, eine Lektion fürs Leben zu erteilen. Er hatte natürlich schon früher gespürt, welche Gedanken seinen Schüler umtrieben, wollte ihm jedoch die Gelegenheit geben, sie selbst zu offenbaren.

Wenn wir unsere eigenen Absichten gründlich erfassen, werden wir die Absichten unserer Mitmenschen besser einschätzen. Wir sollten uns fragen: Warum handele ich so und nicht anders? Warum kaufe ich gerade dies und nicht etwa jenes? Warum lese ich gerade dieses Buch? Warum habe ich gerade diese Freunde? Warum esse und trinke ich gerade diese Speisen und Getränke? Welche Ziele verfolge ich und warum gerade diese? Warum enthalte ich diesem Menschen jene Informationen vor? Warum unterläuft mir dieser Fehler immer wieder? Warum gehe ich diese Risiken ein? Warum liebe ich gerade diese Menschen? Warum bin ich gerade in diesem Bereich besonders gut?

Die Entscheidungen, die wir in unserem Leben und bei unserer Arbeit fortwährend treffen, werden durch unsere Ziele bestimmt. Nicht unsere Kompetenz, sondern unsere Absichten geben den Ausschlag darüber, ob eine Entscheidung richtig ist. Je genauer wir wissen, was wir wirklich wollen, desto besser können wir unser Handeln daran ausrichten. Auf diese Weise kann die Energie ungehinderter fließen, in uns selbst und in unserem Unternehmen.

ERKENNTNIS

Wu, der erste Herrscher der chinesischen Liang-Dynastie, war neugierig geworden. Er wollte einen jener Mönche kennen lernen, die nach unserer Zeitrechnung Anfang des sechsten Jahrhunderts aus Indien nach China kamen. Um genau zu sein, der Kaiser wollte wissen, warum Bodhidharma so viele Anhänger fand. Dieser Bodhidharma hatte um 520 n.Chr. eine Schule der Meditation gegründet und wird bis heute von vielen als der erste Zen-Lehrer betrachtet. Wu rief den buddhistischen Mönch also an seinen Hof und fragte ihn: »Was ist Eurer Meinung nach die höchste Weisheit?« Bodhidharma antwortete: »Ich weiß es nicht.« Der Kaiser fühlte sich nicht ernst genommen und sagte drohend: »Was denkt Ihr, wer Ihr seid?« Bodhidharma antwortete wieder: »Ich weiß es nicht.« Dann machte er sich schleunigst aus dem Staub, denn dass er den Zorn des Kaisers herausgefordert hatte, das wusste er.

Mindestens zwei Lektionen hält diese Geschichte für uns bereit. Die erste: Es ist nicht ungefährlich, Erkenntnisse ungeschützt mitzuteilen. Wollen wir unsere Umgebung nicht verärgern, ist es häufig besser, unser Wissen in kleinen Dosen preiszugeben. Das haben auch viele Unternehmensberater erkannt. Sie wissen, dass es nicht sonderlich geschickt ist, nach der Darstellung des Problems sofort mit der Lösung aufzuwarten. Damit verspielt man den Auftrag! Und selbst wenn man ihn erhalten würde, hätte die Lösung wahrscheinlich keine Chance, sehr ernst genommen zu werden. Etwas zu erkennen und bei anderen dafür Lorbeeren zu ernten, sind zwei Paar Schuh. Bodhidharma war ganz offensichtlich nicht an einer

Anstellung bei Hofe interessiert. Zugleich ließ er sich eine Möglichkeit entgehen, dem Kaiser etwas beizubringen. Er wird schon seine Gründe dafür gehabt haben.

Die zweite Lektion: Die höchste Weisheit kann nicht erkannt werden. Wir wissen letztlich nicht, wer wir sind. Der Gründer des Zen scheint nicht nur seinem Kaiser voraus gewesen zu sein, sondern auch seiner Zeit. Denn erst 14 Jahrhunderte später entwickelte die westliche Philosophie den Postmodernismus, der gleichsam auf Bodhidharmas Grundgedanken aufbaut: Die eine und absolut gültige Wahrheit gibt es nicht. Klug ist deshalb der Manager, der weiß, dass er es auch nicht weiß. Diese Erkenntnis müssen wir übrigens nicht unbedingt jedem mitteilen. Es ist sogar besser, wenn wir es unterlassen. Aber zugleich sollten wir sie doch nie aus den Augen verlieren, denn so halten wir den Geist offen für Neues. Das ist Zen, 1400 Jahre alt und postmodern zugleich. Was sollen wir tun? Wer weiß?

BERGE

Es gibt ein hübsches Sprichwort: Bevor du dich mit Zen beschäftigst, ist ein Berg ein Berg, wenn du mit Zen beginnst, ist ein Berg mehr als nur ein Berg, und wenn du mit Zen wirklich vertraut bist, ist ein Berg wieder ein Berg. Das klingt unlogisch, ist aber leicht zu erklären.

Oberflächlich gesehen schauen alle Berge gleich aus. Wer sie aus der Nähe betrachtet, sieht unendlich viele Unterschiede. Wer sie so gut kennt, dass er Distanz zum Thema gewonnen hat, wird wieder feststellen, dass alle Berge eines gemeinsam haben, nämlich: Ein Berg zu sein. Und dass über dieses Verbindende hinaus jeder Berg seine eigene Form, seine eigene Struktur aufweist.

Diese Erfahrung lässt sich auf alle Bereiche des Lebens übertragen. Ein erfahrener Zen-Manager weiß, dass die Dinge zugleich sind und nicht sind, was sie zu sein scheinen. Er weiß, dass jedes Unternehmen im Wesentlichen dieselben Probleme hat. Aber er sollte dieses Wissen nicht missbrauchen und die Widrigkeiten herunterspielen, mit denen seine Mitarbeiter täglich kämpfen. Distanzierung und Arroganz aus einem Gefühl der Überlegenheit heraus führt zu unnötigen Spannungen und Konflikten zwischen den Entscheidungsträgern und den Mitarbeitern. So kann es passieren, dass beide Gruppen aneinander vorbeireden, weil sie eine andere Sprache sprechen, und zwar selbst dann, wenn sie die Lage gleich beurteilen und die Probleme auf ähnliche Weise lösen würden.

Zen heißt wissen, dass es zu jeder Meinung eine Gegen-
meinung gibt. Nur dann haben wir den richtigen Abstand zu
den Dingen. Manche Menschen sitzen auf einem Berg von
Problemen, der abgetragen werden will. Sie müssen genauso
ernst genommen werden wie diejenigen, die vom Gipfel aus
alle Probleme überblicken. Ein Zen-Manager allerdings muss
nicht nur über den Dingen stehen, sondern – wenn erforder-
lich – in medias res gehen. Die hierzu nötige Offenheit und
Flexibilität setzt Meditation voraus. Nur wer geistig beweglich
bleibt, findet als Führungskraft Respekt und Anerkennung.

MENSCHENKENNTNIS

»Du sollst dir kein Bildnis noch irgendein Gleichnis machen, weder von dem, was oben im Himmel, noch von dem, was unten auf Erden, noch von dem, was im Wasser unter der Erde ist«, heißt es in der Bibel (2. Buch Mose/Exodus 20,4). Das heilige Buch der Christen verbietet also die bildliche Vorstellung, und in einigen Kulturen ist aufgrund dessen jede Abbildung und jedes Foto tabu. Die Vorschrift eignet sich auch als Regel für den Zen-Manager: Versuche nicht, deine Ansichten und Gedanken in unveränderlichen Bildern festzuschreiben.

Bodhidharmas Antwort auf die Frage des Kaisers, wer er sei – er wisse es nicht –, heißt nicht mehr und nicht weniger, als dass er kein festes Bild von sich selbst hatte.

Ein Zenschüler fragte seinen Lehrer: »Werdet Ihr in zehn Jahren noch Zen unterrichten?« Darauf entgegnete der Meister wie einst Bodhidharma: »Ich weiß es nicht.« Der Schüler frohlockte: »Ich wusste, dass Ihr so antworten würdet. Ihr seid ein ausgezeichneter Zen-Lehrer, doch Ihr könntet ebenso gut in einem Restaurant oder einer Bäckerei arbeiten.« Der Meister gab ihm Recht und wollte nun seinerseits wissen: »Und wie steht es mit dir?«

»Ach«, seufzte der Schüler, »ich will und werde immer nur Zenmeister sein.« Zehn Jahre später strafte er sich selbst Lügen und arbeitete bei einem Bauern auf dem Land. Er hatte nicht genug Schüler gehabt, um seinen Lebensunterhalt mit Unterrichten zu bestreiten.

Neigen wir nicht dazu, uns in dieser Geschichte mit dem Klü-
geren zu identifizieren? Wenn ja, empfinden wir offenbar wie
der naive Schüler. Denn dann glauben wir zu wissen, wer wir
sind, und bilden uns noch dazu ein, so flexibel zu denken wie
der Zenmeister. Offenes Denken, das auf vorgefertigte Bilder
verzichten kann, heißt aber, dass wir uns immer wieder fragen, worin wir Meister und worin wir Schüler sind. Menschen
sind einerseits anpassungsfähig und formbar, andererseits sitzen sie festgefügten Vorstellungen auf. Nur wenn wir uns
nicht einbilden, weise zu sein, gelangen wir zu wirklicher
Selbsterkenntnis.

Viele Manager sind stolz auf ihre Menschenkenntnis. Manche
glauben jedoch, die Führungskompetenz sei ihnen in die Wie-
ge gelegt worden, und gerade bei ihnen ist fraglich, ob sie je
Weisheit erlangen.

QUALITÄT

Qualität ist die Beziehung zwischen Subjekt und Objekt. Die Definition mag ziemlich abstrakt sein, aber es gibt keine bessere. Ungewöhnlich daran ist, dass sie das handelnde, urteilende Subjekt berücksichtigt. Ob wir ein Buch zum Beispiel für gut oder weniger gut halten, hängt von unserer Beziehung zum Gelesenen ab. Bringen wir die entsprechenden Vorkenntnisse und Erfahrungen mit, gefällt uns eine Geschichte vielleicht, die andere Menschen langweilt. Bei allen unseren Interessen und bei all unseren Entscheidungen sollten wir uns fragen, was unseren Neigungen, unserem Handeln zugrunde liegt. Alles, was wir tun oder lassen, fällt auf uns selbst zurück.

Kunstsinnige Menschen etwa haben in der Regel ein gesundes Selbstbewusstsein und in vielen Lebenslagen großes Vertrauen in die eigenen Fähigkeiten. Kunst gibt die Vielfalt der Aspekte wieder, sie spiegelt unseren Alltag, unsere Interessen und Vorlieben, aber auch die Probleme und Konflikte dieser Welt.

Führungskräfte müssen Mitarbeiter beurteilen. Das zählt zu ihren wichtigsten Aufgaben. Auch hier gilt: Was ein Manager über seine Mitarbeiter sagt, fällt auf ihn selbst zurück. Ein guter Manager ist sich dessen stets bewusst. Weniger erfahrene Leiter müssen diese Lektion mühsam lernen: Gute Leistungen von Mitarbeitern kann man mit geschickt platzierten Ermunterungen fördern. Menschen wachsen an ihren Aufgaben. Deswegen muss ein Manager ihnen Zeit geben, ihre Fähigkeiten zu entfalten. Für das Unternehmen ist dieses Verhalten Gold wert.

Im Zen kann jeder mit genügend Durchsetzungskraft und Lernbereitschaft ein Meister werden, unabhängig von Bildungsniveau, Religionszugehörigkeit oder Zeugnisnoten. Geprüft werden im Kloster allein Disziplin und Energie, und erst wenn der angehende Schüler an beidem keinen Zweifel lässt, beginnt die eigentliche Ausbildung. Im Zen weiß man: Jeder Mensch hat eine Vielzahl von Fähigkeiten. Die Kunst besteht allein darin, sie zu erkennen und zu fördern.

VORBILD

In einem japanischen Zenkloster sehen die Mönche oder Nonnen den Meister oft nur in einer seiner verschiedenen Funktionen, also dann, wenn sein Verhalten vorbildlich ist. Zenmeister beeindrucken durch ihre Art zu gehen, sich zu verbeugen und zu sprechen. Ihr Gang zum Beispiel ist würdig-imposant und zugleich lässig-elegant. Gerade die Kombination von Rollenspiel und natürlichem Auftreten fasziniert und inspiriert. Der Zenmeister ist ein Vorbild, an dem sich der Schüler orientieren kann.

Mit gutem Beispiel voranzugehen, Vorbild zu sein, gehört zu den Aufgaben von Führungskräften und Lehrern. Doch auch hier gibt es Grenzen. Nicht wenige Zenmeister bewältigen die heikle Balance zwischen Rolle und Person in der Öffentlichkeit sehr gut, haben aber Mühe, die Trennung im Privatleben durchzuhalten. Sind die Funktionen mehr Fassade als innere Berufung, bleiben Konflikte selten aus. Vor Magengeschwüren sind auch Zenmeister nicht gefeit! Häufiger tritt jedoch eine andere Art von Spannung auf – zwischen der Rolle des Zenmeisters und der Inspiration, die diese Rolle vermitteln soll. Ist die Ausübung allzu perfekt, dann nehmen Distanz und Ehrfurcht überhand. Der Schüler wird frustriert und glaubt, dem Meister nie ebenbürtig sein zu können. Das Gleiche trifft auf den Manager zu: Gegen außergewöhnlich erfolgreiche Führungskräfte sticht der mäßige Erfolg der Mitarbeiter nur umso deutlicher ab. Entscheidungsfreudige klagen nicht selten über entscheidungsunfähige Mitarbeiter. Hat der Vorgesetzte ein phänomenales Gespür für Geschäfte, erscheinen ihm seine Mitarbeiter als kopflastig und wenig fantasievoll, Optimisten bemängeln ihre pessimistische Grundhaltung.

In diesen Zusammenhang passt auch folgende Geschichte: In den Brief des Meisters an seine Studenten hatte sich ein Fehler eingeschlichen. Zu seiner Überraschung konnten einige den Schnitzer mühelos korrigieren. Daraufhin beschloss er, künftig absichtlich Fehler einzubauen, um die Schüler zu besseren Leistungen zu motivieren.

Von einem anderen Zenmeister ist überliefert, dass er öfter abwesend war als notwendig, um die Mönche zu mehr Selbstständigkeit zu erziehen. Zen-Manager können aus diesen Beispielen nur lernen. Fehler sind nicht unbedingt ein Zeichen für Schwäche, und manchmal ist es gut, sich weniger perfekt zu geben. Versuchen Sie einmal, Ihre kreative, positive, energische, entschlussfreudige Ausstrahlung zurückzufahren, und Sie werden sehen, wie schnell in Ihrer Umgebung Talente aufblühen.

DIE BESTE ENTSCHEIDUNG

Im Rinzai-shu, einer der Hauptlinien des Zen, denken die Schüler unter Leitung ihres Lehrers über der Vernunft unzugängliche Aussprüche nach. Der japanische Begriff »Koan« bedeutet wörtlich »öffentliche Bekanntmachung«, im Zen wird damit ein scheinbar irrationales, nur schwer zu lösendes Rätsel bezeichnet, dem eine verborgene symbolische Bedeutung innewohnt. So steckt zum Beispiel in der Frage, warum Bodhidharma von Indien nach China gezogen ist, die Frage nach dem Sinn des Lebens selbst. In Zwiesprache mit dem Meister sucht der Schüler jeweils die richtige Antwort auf sein Koan. Nicht wenige geben nach monatelangen, erfolglosen Lösungsansätzen enttäuscht auf. Sie denken: »Ich bin wohl zu dumm.« Oder: »Ich kann es dem Meister einfach nicht erklären.« Manchmal sind diese Sätze kaum ausgesprochen oder gedacht, schon schlägt die Antwort wie der Blitz ins Denken. Gesteht sich der Schüler sein Scheitern ein, dann befreit er seinen Kopf von unnützen Gedanken und sieht die unverstellte Wirklichkeit alles Wissens.

Je länger wir uns mit dem Lösen von Koans beschäftigen, desto mehr lernen wir dieses Frage- und Antwortspiel zu schätzen. Die Fragen lassen uns auch beim Meditieren nicht mehr los, nur dass wir dann nicht bewusst nach einer Lösung suchen. Aber erst wenn wir trotz engagierter, aufrichtiger Suche zugeben, dass sich uns der Sinn eines Koan nicht erschließt, gewinnen wir plötzlich die Erkenntnis.

Neben den vorgeschriebenen Lehr-Rätseln gehen manche Koans aus den Wechselfällen des Alltags hervor. Diese Fragen können uns Wochen, Monate und Jahre beschäftigen. Jedesmal, wenn wir eine Lösung wieder in Zweifel ziehen, offenbaren sich neue und oft bessere Lösungen. Wir dürfen niemals glauben, die Antwort gefunden zu haben. Der erste Einfall ist eben keineswegs immer der beste. Und selbst wenn es einmal zutreffen sollte: Wissen können wir das erst, wenn wir alle anderen Lösungsmöglichkeiten kennen. Ist es nicht eher ein Zeichen von Faulheit, wenn wir gleich nach dem ersten Eindruck ein Urteil fällen? Warum nicht nach besseren Ideen suchen, wenn sich die Gelegenheit bietet?

Gut überlegte Lösungen benötigen mehr Zeit, als ein Entscheidungsträger gewöhnlich zur Verfügung hat. Ein Zen-Manager übt sich darin, in möglichst kurzer Zeit möglichst viele Entscheidungen zu treffen. Wer ohne Training innerhalb weniger Minuten fünf Alternativen findet, ist gut. Aber mit ein bisschen Übung lassen sich in derselben Zeit dreimal so viele Antworten geben. Unter je mehr Möglichkeiten man wählt, desto sicherer und vernünftiger wird die Entscheidung.

北肯

PARADOXES DENKEN

Im Westen versteht man Zenmeditation häufig als An-nichts-Denken. Das stimmt, allerdings nur zum Teil. Konzentriertes Zählen der Atemzüge etwa kommt der Vorstellung nahe, an nichts zu denken. Aber es geht dem Zen nicht darum, den Kopf von Gedanken zu befreien. Im Gegenteil. Die Gedanken, die sich einstellen, wenn wir an nichts denken wollen, sagen uns etwas Wichtiges über uns selbst. Dieses Paradox ist Grundlage und Ziel vieler Zenübungen.

Wenn wir unsere Meinungen und Ansichten ins Gegenteil verkehren, erfahren wir, was uns im tiefsten Innern stört. Dazu ein Beispiel.

Ein Zenmeister wurde von einem Schüler wegen eines inneren Konflikts zu Rate gezogen. Nachdem der Schüler umständlich und verworren seine Sicht der Dinge dargelegt hatte, bat ihn der Meister, ganz engagiert den Standpunkt der Gegenpartei zu vertreten. Anfangs kostete das den Schüler große Mühe, doch dann ging es immer besser. Am Ende wusste er, dass sich sein Problem ganz einfach lösen ließ.

Koans wie die Frage »Worin besteht der Wert eines Eimers ohne Boden?« zielen auf dieselbe Art von Erkenntnis. Ein Unternehmer, der sich wochenlang über diesen Satz den Kopf zerbrochen hatte, gestand seinem Zenlehrer, er sehe einfach keinen möglichen Sinn. Der Meister wusste, wie sehr sich der Mann bemüht hatte und half ihm, die Lösung zu finden: »Das Koan bedeutet so viel wie: Was ist der Wert von etwas, das keine Funktion hat? Auf Ihren Fall übertragen, könnte die Frage lauten: Was ist der Wert von nicht funktionierenden Maschinen in Ihrer Fabrik?« Eine Woche später berichtete der Mann begeistert von einer neuen Erfahrung. Er hatte dieselbe Frage einigen Mitarbeitern gestellt und so erfahren, dass im Lager seines Unternehmens Dutzende von kaputten Rechnern und Maschinen herumstanden. Er ließ sie beseitigen und gewann Platz für neues Gerät. Kleinlaut gab er zu, dass er seit fast zehn Jahren keinen Fuß mehr in diesen Lagerraum gesetzt hatte.

Dieses praktische Beispiel zeigt, was beim Prüfen eines Koan oder beim Meditieren in uns geschieht. Wenn wir uns auf unseren Atem konzentrieren, sinken wir irgendwann auf den Grund unseres Denkens, wo wir, wenn wir ehrlich sind, viel Unsinniges, Wertloses, Überflüssiges vorfinden. Ungeprüft dümpeln dort Ansichten und Überlegungen, die ihren Sinn seit langem verloren haben und neuen, kreativen Gedanken im Weg stehen. Sich regelmäßig mit anscheinend sinnlosen Koans oder mit dem »unnützen« Zählen unserer Atemzüge zu beschäftigen, ist also ratsam und sinnvoll.

ARBEITSUMFELD

Zenmönche meditieren Tag und Nacht, stundenlang. Wenn sie nicht meditieren, hacken sie Holz, um den Ofen für ihr tägliches warmes Bad zu beheizen, pflegen ihre Gemüsebeete und – putzen. Das Kloster und die dazugehörigen Gärten sind immer blitzblank. Vor allem junge Mönche, die ihre Ausbildung gerade abgeschlossen haben, widmen einen Großteil ihrer Zeit dem Reinigen. Oft sind es Söhne von Zenmeistern, die ihrem Vater nachfolgen und nach einer Lehrzeit in anderen Klöstern wieder im Stammkloster leben. »So sauber wie in einem Zentempel«, sagen die Japaner.

Angelehnt daran verteilte eine westeuropäische Wirtschaftsprüfungsgesellschaft Poster mit dem Slogan »Ein sauberes Büro ist fast wie Zen« an ihre Mitarbeiter. Sie sollten ihre Büros gepflegt und aufgeräumt halten. Eine solche Arbeitsumgebung steht für einen ausgeglichenen, offenen, aufgeschlossenen Geist. Im Westen dringt diese Erkenntnis erst ganz allmählich ins allgemeine Bewusstsein. Dazu eine kleine Geschichte: Spaziergänger sahen, wie die Schüler im Garten eines Meditationszentrums immer wieder die herrlichen Herbstblätter auseinander fegten. Warum? Wenn das Laub auf älteren, schon verfaulenden Lagen landen würde, käme es lange nicht so schön zur Geltung wie die wenigen, frisch gefallenen Exemplare, die in dem gepflegten Zengarten liegen bleiben durften.

Zen wird in Asien mit sauber und kreativ gleichgesetzt. Die japanischen Zengärten sind dafür ein sprechendes – oder vielmehr schweigendes – Beispiel, denn nur wer Sinn dafür hat, kann sie wirklich schätzen. Jeder Teil – der Weg, die Steine, die Pflanzen, das Laub – trägt zur Schönheit des Gesamteindrucks bei. Was für den Garten das Auseinanderfegen der Blätter ist, ist für den Geist die Meditation. Der Zenmeister, der den Baum schnell wieder schüttelte, nachdem der Mönch das Laub zur Seite gefegt hatte, macht den Garten also nicht hässlich, sondern im Gegenteil erst schön!

Ein Manager, der sich durch Zen inspirieren lässt, wird für eine angenehme Arbeitsatmosphäre sorgen, in der eine Balance zwischen steriler Reinheit und kreativem Chaos, Natur und Kultur, Verharren und Dynamik herrscht. Feng Shui, die chinesische Lehre vom Zusammenhang zwischen innerer Befindlichkeit und äußerer Umgebung, ist dabei ein wichtiges Element. Die Tempel und Gärten des Zen wurden von schöpferischen, weisen Menschen geschaffen, ihre Inspiration überträgt sich auf den Besucher und evoziert neue Kreativität. Bis heute suchen Tausende von Menschen die Ruhe und Stille dort.

Gestalten Sie Ihre eigene Wohnung und Ihr Büro nach diesem Prinzip! Jeder Raum kann verbessert werden, oft schon mit einfachsten Mitteln. Wer in diesen Bereich investiert, lässt über viele Generationen hinweg Energie fließen.

ENERGIE

Während die Mönche lange Betteltouren absolvieren, Holz hacken oder im Garten arbeiten, malen und zeichnen die Meister Kalligrafien und beraten Menschen, die nicht zum Kloster gehören – für viele Zenklöster eine wichtige Einnahmequelle. Beides, schöne Schriftbilder wie Zen-Beratung, genießt in Japan Hochachtung. Dazu folgende Anekdote: Bis zum heutigen Tag verehren die Japaner einen bestimmten Zenmeister wegen seiner Kalligrafien. Schönschreiben bedeutete diesem Mann viel mehr als Gartenarbeit, die er wie die anderen verrichten musste. Kurz vor seinem siebzigsten Geburtstag versteckten die Mönche seine Gartengeräte. Sie fanden, er habe hart genug gearbeitet und solle seine alten Tage genießen. Doch da verschmähte der Meister jede Mahlzeit, getreu seiner Devise: Ein Tag ohne Arbeit ist ein Tag ohne Essen.

Neben der überdeutlichen Arbeitsmoral enthält diese Anekdote eine weitere Botschaft. Natürlich bedeutet auch Kalligrafieren Arbeit, noch dazu eine, die von Zenmeistern ganz selbstverständlich erwartet wird. Die zitierte Geschichte dagegen lehrt uns, dass tägliche körperliche Arbeit genauso wichtig ist wie geistige Arbeit und wie das tägliche Brot (oder die tägliche Schüssel Reis).

Jeder Gärtner oder Sportler wird bestätigen, dass körperliche Anstrengung ein Mehrfaches der Energie erzeugt, die man hineingesteckt hat. Auch Meditation gibt Kraft, doch manche Menschen folgern daraus zu Unrecht, dass sie körperliche Anstrengung überflüssig macht. Die Zen-Geschichte sagt uns, dass wir das eine tun und das andere nicht lassen sollen. Ein Zen-Manager, der diese Regel beherzigt, dient seinen Mitarbeitern als Vorbild. Durch sein Beispiel motiviert er sie, sich wenigstens ein paar Stunden pro Woche körperlich anzustrengen. Gelingt es ihm, wird die Energie im Unternehmen spürbar besser fließen.

Wer einen Zenmeister fragt, wie man mehr Energie gewinnt, wird den Rat hören, früher aufzustehen. Wieso? Benötigen wir nicht umso mehr Schlaf, je weniger Kraft wir haben? »Nein«, wird der Zenmeister darauf antworten. Schlafen und Essen haben eines gemeinsam – zu wenig ist besser als zu viel. Früh aufstehen gibt kreative Energie. Wenn ein Zen-Manager zwanzig Prozent weniger isst und zwanzig Prozent weniger schläft, verfügt er über vierzig Prozent mehr Zeit und Energie.

ZIEL

Ziel und Weg sind zwei Seiten einer Medaille. Das eine existiert nicht ohne das andere. Knapp formuliert: Der Weg ist das Ziel. Zen konzentriert sich auf die Gegenwart, in der wir leben. Denken wir zu häufig an unsere Ziele, dann nehmen wir nicht mehr wahr, was jetzt um uns herum geschieht, dass zum Beispiel gerade die Pfingstrosen blühen.

Dennoch ist Zen auch zielorientiert, die prächtigen Zengärten in Japan belegen es. Ohne Ziele gibt es weder Entwicklung noch Fortschritt. Nur vergessen die Anhänger des Zen darüber die Gegenwart nicht. Indem wir uns versenken, lösen wir uns von unseren Zielen und konzentrieren uns auf das Hier und Jetzt. So sind wir in der Lage, den Weg zum Ziel auch genießen zu können.

Es gab einen Mönch, der stolz von sich behauptete, keine Ziele mehr zu haben. Für gewöhnlich bekommen die Männer und Frauen im Kloster alle sechs Monate neue Aufgaben zugewiesen, anspruchsvolle und weniger anspruchsvolle. Als dem Zenmeister zu Ohren kam, dass einer seiner Schüler sich mit seiner Ziellosigkeit brüstete, übertrug er ihm keine neue Aufgabe. Nachdem der Mönch zweimal übergangen worden war, konnte er seine Verärgerung nicht mehr für sich behalten und sprach den Meister darauf an. Dieser erinnerte ihn an seine Äußerung, er habe keine Ziele mehr. Als der Schüler seine eigenen Worte aus fremdem Mund hörte, wurde ihm sein Fehler schlagartig klar. Weg und Ziel sind untrennbar miteinander verbunden.

Zenübungen lehren uns, wie gesagt, wie wir uns vom Ziel lösen und den Weg genießen. Deswegen ist Zen für Manager empfehlenswert. Moderne Unternehmen messen dem Ziel zu viel Bedeutung bei und vergessen darüber den Weg. Gerade Führungskräfte vergessen mitunter sich selbst und nehmen sich nicht mehr als Mensch mit akuten Problemen und Bedürfnissen wahr. Ein Manager, der sich seit zwei Wochen mit Zen beschäftigte, wurde von seinem Lehrer gefragt, wie sich die tägliche Meditation auf sein Leben ausgewirkt habe. Der Mann antwortete: »Im Gegensatz zu früher sehe ich jetzt auf dem Weg zur Arbeit, dass Bäume am Wegrand stehen.« Der Meister sagte: »Sehr gut, dann bist du auf dem richtigen Weg.« Zwei Monate später stellte der Lehrer dem Schüler die gleiche Frage und bekam die Antwort: »Seit kurzem sehe ich die Bäume auch, wenn ich von der Arbeit zurückkomme!«

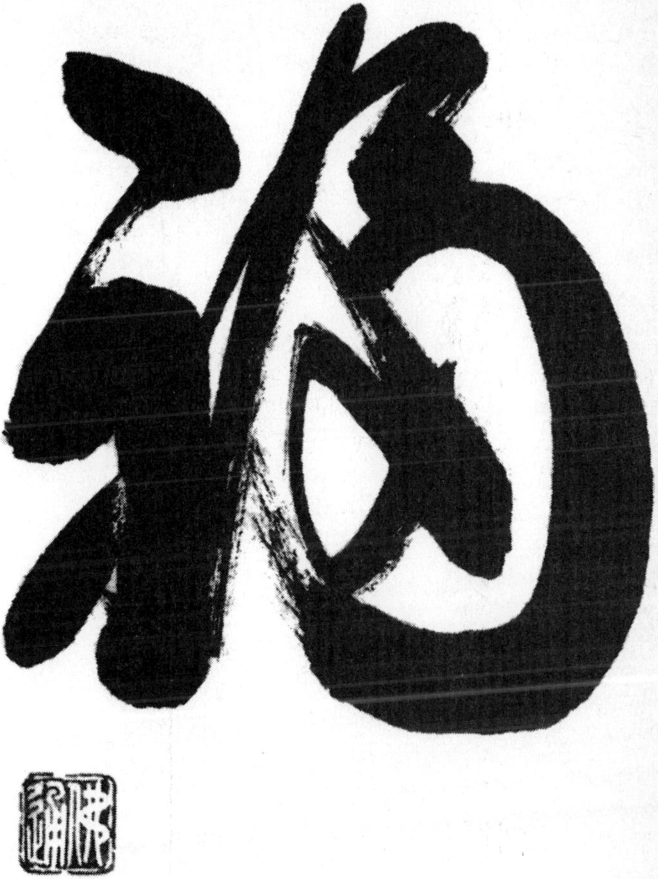

GLÜCK

Jeder Mensch strebt nach Glück. Eine Führungskraft, die sich dessen bewusst ist, bringt für ihre Mitarbeiter mehr Verständnis auf. Im Wesentlichen haben alle Menschen dasselbe Ziel, versuchen es aber auf verschiedenen Wegen zu erreichen. Die Vielzahl der Glücksvorstellungen beruht in erster Linie darauf, dass wir uns unseres Ziels nicht bewusst sind. Wir haben nur ein undeutliches Bild vor Augen. Viele Menschen glauben stolz, sie hätten den Weg zum Glück gefunden, aber sie wollen ihre »Glücksgedanken« mit niemandem teilen. Und daran scheitern sie letztlich. Sie haben Angst, ein anderer könnte ihre Idee schneller in die Tat umsetzen und damit glücklicher werden als sie. Dieser Gedanke macht manche Menschen unglücklich, und ihre Bemühungen geraten auf halber Strecke ins Stocken.

Wenn wir unseren Weg zum Glück kennen, können wir unsere eigenen, aber auch fremde Wünsche leichter verstehen. Wer ehrlich seine Sehnsucht nach Glück äußert, stößt aber häufig auf Widerstand und Misstrauen. Das wirklich Wichtige im Leben lässt sich schwer mitteilen, vor allem, wenn unsere Wünsche Hirngespinsten gleichen. Andere Menschen begreifen uns dann nicht und können sich nicht in uns hineinversetzen. Wer jedoch weiß, dass jeder auf seine Weise nach Glück strebt, wird auch unbegreiflich scheinende Denk- und Handlungsweisen akzeptieren.

Wenn wir uns ansehen, was die großen Denker dieser Welt als Weg zum Glück empfohlen haben, werden wir beeindruckende Übereinstimmungen feststellen. In einem alten buddhistischen Text heißt es: Wenn du jetzt nicht glücklich bist, wirst du es nie werden. Ein gelungener Merksatz für Führungskräfte von großem praktischen Nutzen: Indem wir uns mehrfach am Tag in Erinnerung rufen, wie glücklich wir sind, sind wir oft schon sehr viel glücklicher.

Neunmalkluge Menschen werden darüber lächeln. Versuchen Sie es trotzdem: Es funktioniert. Wenn wir uns täglich versenken, verschaffen wir uns die nötige Offenheit und Disziplin, um das Glück immer zu spüren. Lassen Sie Ihr Glück noch heute wachsen und teilen Sie diese Erfahrung mit anderen! Nur ein glücklicher Manager ist ein guter Manager.

ZUFALL

Ein guter Manager fördert das Nachdenken darüber, wie die Leistung gesteigert werden kann. Optimierung ist ein wichtiges Unternehmensziel und sollte alle Mitarbeiter ansprechen. Leider wird dieses Thema in vielen Betrieben noch immer unterschätzt und eher zufällig aufgegriffen. Die Diskussion führt dann regelmäßig zu kurzfristigen Verbesserungen. Ein Führungsstil, der dauerhafte Lösungen will, sollte jedoch sowohl im konkreten Einzelfall als auch ganz allgemein zur Verbesserung der Situation anregen. Und wer seinen Mitarbeitern zu neuen Erkenntnissen und Einsichten verhilft, der hilft ihnen, auch Herausforderungen außerhalb der Arbeit zu meistern. Warum nicht ab und zu gemeinsam ein Buch lesen, das nicht unbedingt etwas mit der Arbeit zu tun hat, und darüber in den Arbeitspausen sprechen? Das fördert die Stimmung und nutzt gleichzeitig der persönlichen Entwicklung des Einzelnen.

Ein Philosophiekurs ist manchmal für ein Unternehmen effizienter als fachspezifische Schulungen. Wir verlieren zu viel Zeit mit Gefühlen und vernachlässigen das folgerichtige Denken. Bei anderen fällt uns das meist früher auf als bei uns selbst. Logiktraining verbessert das Betriebsklima nachhaltig. Wenn wir schlüssig denken und argumentieren, erkennen wir eher, ob wir übertrieben sensibel oder emotional reagieren. Es stärkt die Selbsterkenntnis und hilft, eigene Ansichten verständlich und klar zu formulieren. In der alten Kunst der Syllogismen ungeschulte Menschen begreifen oft nicht, warum andere ihren Gedanken gegenüber skeptisch bleiben. Logisch!

Für mangelnde Konseqbt euenz gis viele Beispiele. Nehmen wir das Thema Zufall. Viele Menschen glauben nicht an Zufälle. Nach den Grundsätzen der Logik lässt sich diese Einstellung (die manchmal zu Unrecht Zen zugeschrieben wird) schwerlich halten. Dasselbe gilt für die gegenteilige Auffassung, alles sei Zufall. Solche nicht zu Ende gedachten Gedanken lösen nur Verwirrung aus. Sie sind bequem, weil man die Sache für sich »geklärt« hat und nicht weiter darüber nachdenkt. Zu einem gut funktionierenden Unternehmen trägt ein solches Verhalten kaum bei. Kurz: Philosophie wirkt der Energieverschwendung durch unlogische Denk- und Arbeitsmethoden entgegen.

UNTERSCHIEDE

Der Zenmeister stellt zweimal eine Frage, und ein Mönch gibt zweimal dieselbe Antwort. Beim ersten Mal erklärt Joshu – so heißt der Meister – die Antwort sei völlig falsch, beim zweiten Mal ist er voll des Lobes. Was lehrt uns diese Geschichte? Hat der Meister seine Meinung geändert oder wollte er die Standfestigkeit und Beharrlichkeit seines Schülers prüfen? Oder waren beide Antworten zwar dem Wortlaut nach identisch, aber anders gemeint? Ist es überhaupt möglich, zweimal hintereinander dasselbe zu sagen?

Wir können einen Satz ganz verschieden betonen. Und diese Verschiedenheit ist der Regelfall; es ist ungeheuer schwierig, die Aussprache nicht zu variieren. Auch wenn es sich um Nuancen handelt, die nur geübte Ohren wahrnehmen – ein Gruß, so banal er sein mag, verrät dem fortgeschrittenen Zenschüler viel mehr als den konventionellen Wunsch, es möge ein guter Tag werden. Auch die Art, wie uns jemand die Hand gibt, lässt Deutungen zu, vor allem wenn man den Händedruck vom letzten Mal noch in Erinnerung hat.

Manchmal werfen Menschen einander vor, von einem Tag auf den andern ihre Meinung geändert zu haben. Das ist zwar ärgerlich, doch im Grunde nur ein weiterer Hinweis darauf, dass wir unsere Aussagen in Wortlaut und Betonung nie exakt wiederholen können.

Solche Abweichungen sind für den Manager wichtig. Mitunter liegen die Unterschiede auf der Ebene der nonverbalen

Kommunikation, dann wieder in der Wortwahl oder der Betonung. Immer jedoch weisen sie auf eine Veränderung oder Entwicklung hin.

Wenn ein Zenlehrer den Schüler auffordert, seine Worte genau zu wiederholen, will er dieser Veränderung auf die Spur kommen. Dazu ein Beispiel: Ein Ehepaar suchte bei einem Meister Rat, weil beide in letzter Zeit Schwierigkeiten miteinander hatten. Der Lehrer sprach kurz mit der Frau und erkannte, dass die Schuld nicht bei ihr lag. Dann ließ er den Mann kommen und stellte ihm dieselbe Frage wie zuvor der Frau: »In welcher Hinsicht wollen Sie sich verändern?« Der Mann antwortete: »Wenn ich mich schon verändern soll, dann möchte ich vielleicht weniger hart arbeiten müssen.« Als der Lehrer ihn bat, seine Antwort wörtlich zu wiederholen, sagte der Mann: »Ich möchte vielleicht weniger hart arbeiten müssen.« Der Lehrer fragte ihn, ob er sich des Unterschieds zwischen seiner ersten und der zweiten Antwort bewusst sei. Der Mann verneinte, doch als der Lehrer es ihm erklärte, erinnerte sich der Mann wieder an den genauen Wortlaut seiner ersten Antwort. Nun verstand er, warum der Lehrer ihm sagte: »Das Problem in eurer Ehe bist du; nur weil du Erfolg hast, denkst du, du musst dich nicht verändern.«

KONDITION

Im Zen gelten Körper und Geist als Einheit. Es ist genauso wichtig, für das leibliche Wohl zu sorgen wie für das geistige. Der Koch genießt im Zenkloster hohes Ansehen. So manches Unternehmen wäre gut beraten, sich diese Einstellung zum Vorbild zu nehmen. Denn was Kantinenköche Mitarbeitern vorsetzen, belegt oft nur den geringen Stellenwert der Ernährung. Zwar sind die Betriebe bemüht, ja verpflichtet, Arbeitsunfällen und Krankheiten vorzubeugen, doch sie vergessen darüber leider allzu oft, dass gesundes Essen – gesund ist! Qualitativ hochwertige Kantinenkost wäre durchaus eine sinnvolle Investition in die Arbeitskraft der Angestellten.

Um ihre Kosten zu decken und den Lebensunterhalt der Mönche zu bestreiten, betreiben viele japanische Zenklöster ein vegetarisches Restaurant. Diese Lokale sind nicht billig, gehören aber oft zu den besten am jeweiligen Ort – und ihre Essen mit viel Tofu und Gemüse sicher zu den gesündesten.

Doch der japanische Zen ist nicht nur für seine Küche berühmt. Nirgendwo sonst sitzen die Mönche beim Meditieren so aufrecht. Dass sie den Rücken kerzengerade halten, wird regelmäßig kontrolliert. Manchmal prüft die Aufsichtsperson mit einer Latte, ob der Mönch nicht noch aufrechter sitzen könnte. In keiner anderen Meditationsform wird so viel Wert auf die korrekte Haltung gelegt.

Diese Haltung zollt nicht nur der Tradition des Zen Respekt, sie verhindert darüber hinaus auch Rückenbeschwerden. Da beim täglichen Meditieren die Muskeln entlang der Wirbelsäule gestärkt werden, ist Zen nicht nur Atem-, sondern auch Wirbelsäulentraining.

Gerade Manager brauchen ein starkes Rückgrat, im wörtlichen wie im übertragenen Sinn. Am besten wäre, wenn sie zusammen mit ihren Mitarbeitern regelmäßig in aufrechter Haltung meditierten. Denn: Je stärker die Rücken- und Atemmuskulatur der Mitarbeiter, desto geringer die Anfälligkeit für Krankheiten.

Bodhidharma hat nicht nur vor rund 1500 Jahren das erste chinesische Heiligtum des Zen gegründet, den Shaolin-Tempel, sondern auch den asiatischen Kampfsport erfunden. Er zeigte seinen Mönchen, wie sie sich auf der Grundlage friedlicher Zenprinzipien selbst verteidigen konnten. Der Shaolin-Tempel existiert noch heute. Allerdings geht es den Mönchen dort heute weniger um Erleuchtung als um Körperbeherrschung. Ihre beeindruckende Akrobatik war einst nur Nebenprodukt, wie so vieles, was wir heute an der japanischen und chinesischen Kultur bewundern. Sowohl die traditionellen Zengärten als auch die moderne japanische Architektur und Kunst erklären sich aus dieser Einstellung. Disziplin im Denken führt nach Zen-Verständnis automatisch zur Kontrolle des Leibes. Und die Verbindung von beiden wiederum wirkt sich positiv auf die Qualität unseres Verhaltens und unserer täglichen Entscheidungen aus.

LERNEN

Lernen heißt, offen zu sein. Wenn wir uns öffnen, sammeln wir automatisch neue Erkenntnisse. Offenheit geht immer mit der Bereitschaft einher, zu lernen. Ein Beispiel: Ein Schüler legte seiner Zenmeisterin ein Problem dar und fügte hinzu, er wisse ja eigentlich schon, dass sie ihm raten würde, er solle öfter meditieren. »Du hast Recht«, bestätigte die Meisterin. Er solle sich täglich zweimal 25 Minuten versenken statt wie bisher einmal. Ungläubig fragte der Schüler, ob sie wirklich denke, dies würde sein Problem lösen. »Ja«, nickte sie, und so befolgte er ihren Rat. Ein paar Wochen später berichtete er, er habe wie geraten zweimal pro Tag meditiert und sein Problem damit tatsächlich aus der Welt geschafft. »Aber wie war das möglich«, fragte er, »mit nur einer Sitzung mehr am Tag?« Darauf die Zenmeisterin: »Um das herauszubekommen empfehle ich dir, dreimal täglich 25 Minuten zu meditieren.«

Diese Geschichte zeigt, wie gut Meditation die Einsicht in den Zusammenhang von Ursache und Wirkung unterstützt. Wenn wir unsere Gefühle erkennen, lösen sich Probleme oft wie von selbst. Das verlangt allerdings viel Anstrengung: Wer regelmäßig meditiert, weiß, wie viel Konzentration und vor allem Disziplin nötig sind. Erst dann gewinnt man neue Kraft, vergleichbar mit dem herrlichen Gefühl nach einer intensiven körperlichen Anstrengung. Am Beginn jedes Trainings wirkt unser Körper steif und hölzern, doch je regelmäßiger wir uns sportlich betätigen, desto besser fließt die Energie; alles gelingt leichter. Wie beim Sport die Muskeln und Gelenke an ihren richtigen Platz zu rutschen scheinen, so fügen sich beim

Meditieren die Teile des täglich Gelernten wie bei einem Puzzle aneinander.

Wenn wir uns keine Zeit für Sport oder Meditation nehmen, dann mag uns die harte Arbeit vielleicht stark machen, aber zugleich werden wir steif und angespannt und sind deswegen verletzbar.

Meditieren heißt, unser Wissen, unsere Erkenntnis zu verinnerlichen. Nur so können wir weiteres Wissen aufnehmen. »Verinnerlichen« ist hier sowohl intellektuell als auch praktisch zu verstehen. Die praktische Umsetzung des Gelernten kennzeichnet den Unterschied zwischen Wissen und Weisheit. Auch dafür ein Beispiel: Ein Mathematiklehrer beklagte sich bei der eben erwähnten Zenmeisterin über mangelndes Interesse bei der »dummen« Hälfte seiner Klasse. Darauf riet sie ihm, das Prinzip der Mathematik, eins gleich eins, auch in der Praxis anzuwenden. Auf seine verblüffte Frage, was sie damit ausdrücken wolle, erwiderte sie, er solle seine Schüler nicht länger ungleich behandeln. Der Lehrer ging in sich und sah schließlich seinen Fehler ein. Durch die Konzentration auf eine Hälfte der Klasse hatte er deren Interesse an seinem Fach vergrößert und das der anderen Hälfte reduziert. Auch Manager kennen dieses Problem, auch sie müssen manchmal motivierte Mitarbeiter weiter fordern und parallel dazu das Interesse der weniger Motivierten wecken. In diesem Fall ist eine zusätzliche Meditationssitzung pro Tag ratsam. Nur so lassen sich negative Folgen des eigenen Verhaltens auf unsere Umgebung erkennen.

FLEXIBILITÄT

Nicht das kranke Herz schlägt unregelmäßig, sondern das gesunde. Es ist gerade nicht so, wie man spontan denkt. Ein gesundes Herz reagiert auf Veränderungen im Organismus schnell. Ein krankes Herz hingegen ist unfähig, sich auf neue Situationen einzustellen.

Je älter wir werden, desto deutlicher erfahren wir, dass unser Körper unser Denken und Fühlen widerspiegelt. Nicht nur die Falten auf der Stirn, sondern auch die Funktion von Lungen, Herz, Rücken, Magen und nicht zuletzt des Darms sind Ausdruck unserer geistigen und seelischen Verfassung. Das gilt besonders für die heutige Zeit mit ihren durch Stress verursachten Krankheiten. Viele unterschiedliche Emotionen und Eindrücke strömen tagtäglich auf uns ein. Sie beeinträchtigen unsere Konzentration und die Klarheit unserer Gedanken. Und das wirkt auf die Gesundheit unseres Körpers zurück.

In der Meditation verarbeiten wir Gefühle, die unser Denken belasten. Wir verhindern, dass unsere Gedanken zu häufig abschweifen, und versetzen uns wieder in die Lage, auf die ständig neuen Erfordernisse des Alltags angemessen zu reagieren. Wenn zu viele Gefühle unsere Gedanken stören, laufen wir Gefahr, falsche Entscheidungen zu treffen. Das Übermaß führt zu Disharmonie und Stress und lässt uns am Ende erkranken.

Der Zusammenhang von Denken und körperlicher Gesundheit gilt auch für Unternehmen. Ein unflexibles Management macht den Betrieb »krank« und gefährdet auf längere Sicht dessen Marktstellung. Manche Firmen versuchen dieser Gefahr vorzubeugen, indem sie Führungspositionen öfter neu besetzen. Doch auch diese Lösung ist suboptimal: Sie mag zwar die Flexibilität des Unternehmens erhalten, sorgt aber nicht für die Anpassungsfähigkeit und geistige Beweglichkeit der Mitarbeiter. Je schneller sich das Personalkarussell dreht, desto weniger fällt die Erstarrung einzelner Personen auf. Was organisatorisch plausibel erscheint, fördert noch lange nicht die Lernbereitschaft. Viele Führungskräfte leiden unter dem Gefühl des Scheiterns, fühlen sich den Anforderungen nicht mehr gewachsen und suchen Beistand im Spirituellen. Zenübungen bieten hier echte Abhilfe.

KOMPLIMENTE

Der jahrhundertealte japanische Zen hat viele bewahrenswerte Elemente. Erwähnt wurde schon die Bedeutung des geraden Rückens beim Meditieren, was den Geist und gleichzeitig die Muskulatur der Wirbelsäule trainiert. Eine weitere Besonderheit dieser Kultur ist die Teezeremonie, und es ließen sich noch viele andere Beispiele anführen. Doch nicht jeder Teil des Zen-Buddhismus eignet sich immer und überall zur Nachahmung.

Die Rinzai-Schule hat sich vorgenommen, den Zen durch Rückgriff auf die Überlieferung zu erneuern. Sie schreibt dem Zenmeister ein bestimmtes, traditionelles Reaktionsmuster vor, mit dem er auf die Lösungsversuche seiner Schülern zu bestimmten Koans zu reagieren hat: Er muss heftig den Kopf schütteln, wenn die Antwort falsch war. Häufiges Kopfschütteln löst Nackenschmerzen aus; jede Kopfbewegung ermahnt den Schüler mithin, angestrengt nach der richtigen Antwort zu suchen. Das heftige Kopfschütteln findet auf verbaler Ebene seine Entsprechung. Sätze wie »Begreifst du es nicht?«, »Viel zu abgehoben!«, »Du musst dich stärker bemühen! « sollen den Schüler ermutigen, ebenso der barsche, fast böse Blick.

Ein Zenlehrer zog in den Westen und erkannte nach kurzer Zeit, dass positive Unterstützung durch negative Reaktionen hier nicht verstanden wird und Missverständnisse und Ablehnung hervorruft. Er versuchte es stattdessen mit Bestätigung und ermunterte seine Schüler: »Sehr gut!«, »Weiter so!«, oder auch: »Siehst du, du machst Fortschritte.« Er gewann viele

Schüler, die in ihrer spirituellen Entwicklung schnell voran-
kamen.

Der Zenlehrer war selbst ziemlich überrascht von der Wirkung
seiner neuen Methode. Er trainierte Manager und riet ihnen,
auch in ihrem Beruf den Weg der Bestätigung zu gehen: »Ver-
teilen Sie pro Tag mindestens fünf Komplimente.« Nicht wenige Führungskräfte merkten, dass sie das anfangs große Über-
windung kostete. Auch in unserer westlichen Kultur werden
Menschen, die wie die eingangs erwähnten traditionsbewuss-
ten Zenlehrer böse und unzufrieden wirken, eher ernst genommen. Wir haben im Allgemeinen ein wenig Angst vor
Menschen, die sich barsch verhalten, und strengen uns mehr
an, um uns ihr Wohlwollen zu sichern. Weil viele Menschen
so denken und handeln, kommen die Unfreundlichen meist
rascher zum Ziel. Kein Wunder also, dass viele Vertreter der
heutigen Generation mit der Strategie des »Management by
compliments« Mühe haben.

Möglicherweise liegt hier ein enormes Energiefeld brach. Der
im Westen unterrichtende Zenmeister fand nämlich heraus,
dass seine Schüler ihre Mitarbeiter mit systematisch verteilten
Komplimenten viel stärker motivieren konnten. Angst bei
Menschen zu wecken, ist eine relativ primitive Methode. Sie
mag in einer Mangelgesellschaft funktionieren, in einer Wohl-
standsgesellschaft wirkt sie nur sehr bedingt. Wenn Menschen
sich mit ihrer Arbeit selbst verwirklichen und ihre Talente entfalten sollen, verfehlt ein barscher, unfreundlicher Blick seine
Wirkung. Als ideal erwies sich ein Verhältnis von zwei Drit-
teln Bestätigung und einem Drittel freundlich vorgebrachter
Kritik.

MEDITATION

Meditieren lässt sich mit einem Blick in den Spiegel verglei-
chen. Fällt er flüchtig aus, dann sieht man nur das Offensicht-
liche: Dass man schön oder zu dick oder zu dünn ist. Je länger
wir unserem Anblick standhalten, desto mehr sehen wir uns
selbst, desto vollständiger wird das Bild. Die schönen wie die
weniger schönen Seiten des eigenen Ich schimmern auf. Dasselbe geschieht beim Meditieren, auch hier begegnen wir unserem Inneren, auch hier werden wir mit dem konfrontiert,
was uns beschäftigt, Positivem wie Negativem. Das Gesicht
eines in sich versunkenen Menschen spiegelt seine Gemüts-
verfassung wider.

Auch nach überwiegend erfolgreichen Tagen sollten wir unsere Eindrücke Revue passieren lassen. Durch Meditation verarbeiten wir sie leichter und vermeiden, dass sie uns aufregen
und unseren Schlaf stören.

Meditieren ist auch mit dem Zähneputzen vergleichbar. Mit
gereinigten Zähnen schmeckt die nächste Mahlzeit besser.
Viele Menschen meditieren nur dann, wenn sie Negatives erleben; schlechte Erfahrungen verlangen nach schneller Ver-
arbeitung, um künftigen, hoffentlich besseren Erlebnissen
Raum zu geben.
So selbstverständlich wir jeden Tag in den Spiegel schauen
und uns die Zähne putzen, sollten wir täglich unsere Gedanken reinigen, um wieder frisch ans Werk gehen zu können.
Beim Meditieren verarbeiten wir alte Gefühle, verhindern,
dass sie unsere Sicht auf die Wirklichkeit trüben.

Viele Manager halten nichts von Meditation, weil sie ihre Erfolge lieber auskosten. Sie wollen auch am nächsten Tag von den positiven Erfahrungen heute zehren. Aber das hat fatale Folgen. Ihre Mitarbeiter müssen umso härter arbeiten, als sie sich verpflichtet fühlen, den Optimismus ihres Chefs zu erhalten und ihm neue Nahrung zu geben. Auf lange Sicht ist dieser Ansatz zum Scheitern verurteilt, denn er erzeugt ein Team von Workaholics, das nur noch die mit jedem Erfolg steigenden Ansprüche des Vorgesetzten bedient. Im Ergebnis wachsen die Spannungen zwischen ihm und seinen Mitarbeitern ins Unerträgliche. Will er nicht Opfer seiner eigenen Fehler und Charakterschwächen werden, so wird er seine Strategie ändern müssen. Zwar kann er den Zeitpunkt der Veränderung durch häufigen Stellenwechsel hinausschieben, doch irgendwann wird ihn das Gefühl, ausgebrannt zu sein, unweigerlich einholen.

Wenn wir etwas Schönes erleben, denken wir oft schon mit Unbehagen an das nächste Missgeschick. Dabei sollten wir, wenn es denn eintritt, lieber an das Sprichwort denken, dass Scherben Glück bringen. Nach einem Fehlschlag sind wir im Allgemeinen konzentrierter und erkennen unsere Chancen auf Glück eher.

Generell gilt: Allzu große Schwankungen in unserem geistigen und emotionalen Haushalt können wir vermeiden, wenn wir unsere Umwelt aufmerksam beobachten. Wir sollten Erfahrungen verarbeiten, gleichgültig, ob es sich um positive oder negative handelt. Das sorgt für einen frischen, klaren Blick auf das Hier und Jetzt. Wer täglich meditiert, fördert seine Talente, so dass sie sich auf natürliche Weise entwickeln.

KRIEGSKUNST

Zen und Aikido ergänzen einander wie ein ideales Paar. Aikido, eine stark stilisierte japanische Form der Selbstverteidigung, setzt in gewisser Hinsicht die Lehre des Zen auf körperlicher Ebene um. Aikido zielt nicht in erster Linie darauf ab, den Gegner zu schlagen. Wichtiger ist der Einklang von Körper und Geist. Diese Harmonie bringt die Energie in höchstem Maß zum Fließen: selbst ein Muskelprotz wird den Aikido-Kämpfer nur mit Mühe niederringen. Das Prinzip lässt sich auf viele Bereiche der Gesellschaft übertragen. David besiegte Goliath, und kleine innovative Betriebe entthronen große internationale Konzerne. Aikido und Zen beseitigen Denkblockaden, so dass die Energie fließen kann. Auch ein guter Manager ist im Stande, unter seinen Mitarbeitern die Energie fließen zu lassen. Wenn alle kreativ zusammenarbeiten und der freie Austausch von Ideen und Anregungen funktioniert, wird die Abteilung aufblühen und vermutlich besonders schöne Erfolge erringen.

Viele Unternehmen und ihre Manager kaschieren Führungsschwächen mit dem Hinweis auf den Druck des Marktes. Sie verstehen und sprechen nur die Sprache der Faust. Verdankt sich der Erfolg jedoch bloßer Kraftmeierei, werden damit in aller Regel nur interne Probleme bemäntelt. Die ganze Organisation huldigt einem Gedanken: Wir müssen die Konkurrenz besiegen. Folge ist, dass auch in der Belegschaft das Konkurrenzgefühl dominiert. Die Arbeit gerät dann schnell zum Krieg, aus dem die meisten als Verlierer hervorgehen. Auch wenn offiziell viele Unternehmen zurzeit Kundenzufriedenheit groß schreiben – erst die Zukunft wird zeigen, ob es sich um Lippenbekenntnisse oder um ein echtes Anliegen handelt.

Der Direktor eines großen Produktionsbetriebs bat seinen Zenmeister um Unterstützung: Wie konnte er der Unzufriedenheit seiner Mitarbeiter Herr werden? »Ich verstehe es nicht«, sagte er, »unsere Marktposition ist fantastisch. Viele Menschen sind stolz, wenn sie bei uns eine Stelle bekommen, außerdem zahlen wir gut. Aber kaum sind sie da, wirken sie unzufrieden, trotz exzellenter Arbeitsbedingungen.« Der Zenlehrer antwortete: »Ich kann Ihnen nur helfen, wenn Sie mir genau sagen, in welchem Bereich die Angestellten unzufrieden sind. Kontrollieren Sie doch die Mitarbeiterzufriedenheit genauso regelmäßig wie die Kundenzufriedenheit. In einem halben Jahr können Sie mir sicherlich über die Ergebnisse berichten.«

Als der Direktor ein halbes Jahr später wiederkam, bat er seinen Lehrer, einen Teil der Meditationshalle renovieren lassen zu dürfen, so dankbar war er ihm für seinen Rat. Bereits die wiederholten Untersuchungen zur Zufriedenheit unter den Angestellten hatten das Arbeitsklima deutlich verbessert, und zugleich waren die Kunden so zufrieden wie noch nie zuvor.

KONFLIKTLÖSUNG

Ein Manager beschäftigte sich bereits seit einiger Zeit mit Zen. Einmal fragte er seinen Lehrer um Rat, weil es im Führungsteam immer wieder zum Streit kam. Die Folge war ein hoher Krankenstand. Die betroffenen Mitarbeiter gehörten der Abteilung seit Jahren an; Gespräche hatten bisher nicht viel geholfen. Der Meister riet, in der Stadt ein großes Glasgefäß zu besorgen und es mit dicken sauren Drops zu füllen. »Schreib ›Stressbonbons‹ darauf und sag deinen Mitarbeitern, sobald sie sich innerlich angespannt fühlen, sollen sie sich so ein Stressbonbon nehmen. Niemand darf sprechen, solange er eins im Mund hat; erst danach wieder, wenn es vollständig aufgelutscht ist.« Der Vorschlag stieß in der Abteilung auf große Zustimmung. Die sauren Drops schmolzen wie Schnee in der Sonne. Aber bereits zwei Monate später hatte sich der Konsum an Stressbonbons halbiert. Und der Krankenstand war um 50 Prozent gesunken.

Zu schön, um wahr zu sein? Eben nicht. Es hat schon seinen Grund, dass die Ratschläge dieses Zenmeisters in Konfliktsituationen so begehrt waren. Er verstand es immer, Menschen auf kreative Weise zu einem kurzen Moment des Innehaltens zu bewegen, bevor sie weiterredeten oder neue Entscheidungen trafen.

Wer regelmäßig meditiert, kennt die Kraft solcher Einkehr. Im Alltag ist Meditation oft nichts anderes als Besinnung und Konzentration. Indem wir uns versenken, bereiten wir uns innerlich auf das vor, was uns erwartet oder was wir erledigen müssen. Meditationsunerfahrene Menschen können sich das häufig kaum vorstellen. Sie glauben, man dürfe an »nichts« denken.

In Wirklichkeit sucht ein Meditierender Distanz zum Alltagsgeschehen, zu dem, was der Moment von ihm fordert. Wenn ich ein paar Momente jeden Gedanken an ein schwieriges Gespräch ausblende, schiebe ich es von mir weg, gewinne Distanz und werde danach anders darüber denken und mich vielleicht sogar fragen, warum es mir so kompliziert erschien. Tägliche Meditation hilft, Konflikte zu lösen, ja, zu vermeiden. Ein Zen-Manager wird diese Erkenntnis, angepasst an die Erfordernisse seines hektischen Berufs, leicht in praktisches Verhalten umsetzen können.

IMMER ZEIT

Die Zenklöster von Kioto sind berühmt. Dort arbeitete ein Mönch ein Jahr lang als Sekretär, das heißt, er führte und verwaltete unter anderem den Terminkalender des Meisters. Das ist eines der ehrenvollsten Ämter im Kloster, zumal es bedeutet, dem Meister in allen Bereichen zu assistieren und von der engen Zusammenarbeit mit ihm zu profitieren. Nach Ablauf eines Jahres fragte der Zenmeister seinen Sekretär, was er bei ihm gelernt habe.

Der Mönch berichtete, unter den vielen Gästen, die den Zenmeister im Laufe des Jahres aufgesucht hätten, habe ihm einer besonders imponiert: der Direktor eines Unternehmens mit über 20 000 Mitarbeitern. Immer sei dieser auf die Sekunde pünktlich gekommen und schien alle Zeit der Welt mitzubringen. Die meisten anderen Besucher hätten einen eher gehetzten, eiligen Eindruck erweckt. Außerdem, fuhr der Sekretär fort, habe besagter Direktor nie eine Uhr oder einen Terminkalender bei sich gehabt. Wenn er am Ende seines Besuchs den nächsten Termin mit ihm vereinbarte, plante er im Kopf, und dennoch war er in diesem ganzen Jahr im Gegensatz zu vielen anderen Besuchern kein einziges Mal zu spät gekommen!

Der Zenmeister lächelte und verriet seinem Sekretär, dass ebenjener viel beschäftigte Mann als einer der wenigen externen Schüler zweimal pro Tag meditiere und sich mit dem Studium von Koans beschäftige. Dennoch leite er ein blühendes Unternehmen. Denn, so die Erklärung des Zenmeisters: »Ein guter Zen-Manager beherrscht seine Zeit, er wird nicht von der Zeit beherrscht. Uhren sind sehr praktisch, um einen Termin zu vereinbaren, aber eine Stunde bedeutet für den einen etwas ganz anderes als für den anderen.«

Wenn wir uns konzentrieren, erledigen wir zehnmal so viel, als wenn wir mit unseren Gedanken nur halb bei der Sache sind. Das hat weniger mit Schnelligkeit im Denken zu tun als mit Klarheit. Wenn wir diszipliniert sind, müssen wir uns nicht immer wieder zusammenreißen. Grübelei und mangelnde Aufmerksamkeit ermüden und verunsichern. Viele Menschen eignen sich Fachwissen an, vergessen aber, ihr Denken zu schulen. Am Ende eines Arbeitstages fühlen sie sich ausgelaugt und erschöpft. Das liegt vor allem an den Gedanken, die sie belasten und die sie nicht kontrollieren können. Der Unterschied zwischen einem scheinbar erfolgreichen und einem wirklich erfolgreichen Manager besteht darin, dass der erste unter seiner Arbeit leidet. Der wirklich erfolgreiche Manager hingegen hat ausreichend Zeit und Kraft für sich selbst und die Familie.

RITUALE

In einem Zenkloster gibt es mehr als hundert Rituale. Für den Neuling, der mit ihnen nicht vertraut ist, können diese Bräuche anfangs sehr lästig sein, und er wird sich vielleicht fragen, welchen Zweck sie eigentlich erfüllen. Ihr Sinn erschließt sich dem Schüler erst nach einiger Zeit.

Ein Ritual soll, kurz gesagt, die Qualität einer Beziehung erhöhen. Damit kann die Beziehung zu einem Gegenstand, zu uns selbst oder zu anderen Menschen gemeint sein. Die Teezeremonie im Zenkloster kennt zum Beispiel eine ganze Reihe ritualisierter Handlungen. Auf ihnen gründet die reiche Kultur des Teetrinkens, die sich in Japan zu einer raffinierten Kunstform weiterentwickelt hat und dort bis heute vielen tausend Menschen Arbeit gibt. Im Vergleich dazu nimmt sich die Zeremonie der Mönche bescheiden aus. Trotzdem ist sie, wie Laien nach ihren wöchentlichen Zusammenkünften in einem japanischen Zenkloster berichtet haben, sehr effizient.

In dem betreffenden Kloster findet nach jedem Meditieren ein Teeritual statt. Die Anwesenden loben den außergewöhnlichen Geschmack des Tees und fragen den Koch jedesmal nach dem Rezept. Ein ums andere Mal erklärt der Koch die Zubereitungsart, ein ums andere Mal geben sich die Gäste damit nicht zufrieden; sie wollen ganz sicher sein, dass sie das – im Grunde sehr einfache – Rezept auch wirklich verstanden haben. Zu Hause nämlich schmecke der Tee nie so gut. Der Koch verstand den tieferen Sinn dieser Fragen erst nach einiger Zeit: Der Tee ist im Kloster nicht nur wegen der sorgfältigen Zubereitung besser, sondern weil er auf eine bestimmte, immer gleiche Weise aufgebrüht, serviert und getrunken wird. Ohne das Ritual verliert der Tee plötzlich an Aroma.

Zeremonien und Rituale spielen immer dann eine Rolle, wenn wirkliche Qualität angestrebt und erreicht wird. Ein gutes Beispiel dafür sind Spitzensportler: Sie haben hinsichtlich der Vorbereitung von und Teilnahme an Wettkämpfen ganz bestimmte Rituale entwickelt. Manager können mit Ritualen die Motivation ihrer Mitarbeiter verbessern. Sie sollten Rituale ins Leben rufen und dafür sorgen, dass diese auch eingehalten werden. Das kann zum Beispiel ein gemeinsames Frühstück oder Mittagessen sein. Zeremonien müssen ernst genommen werden; nie sollte eine Führungskraft erkennen lassen, dass sie deren Einhaltung für Zeitverschwendung hält. Auch Sitzungen haben oft rituellen Charakter; ein Manager, der das weiß, kann sie effizienter leiten. Bei Ritualen kommt es nicht darauf an, wie viel Zeit sie in Anspruch nehmen. Wichtig ist nur, dass jeder sie ernst nimmt und sich aktiv daran beteiligt.

NACHAHMUNG

Neben vielen poetischen Koans gibt es einige »blutige« Zen-Anekdoten, deren Sinn die Schüler entdecken sollen. Dazu zählt die Geschichte von einem Mönch, dem der Finger abgeschnitten wurde, weil er seinen Lehrer nachgeahmt hatte. Genau wie dieser streckte der Schüler oft beim Beantworten einer Frage den Finger in die Luft. Als der Lehrer dies merkte, rief er ihn zu sich und hackte ihm den Finger ab. Der Junge lief weinend davon. Da rief ihn der Lehrer noch einmal zurück. Kaum blickte der Schüler sich um, streckte der Lehrer erneut den Finger in die Luft. Zum Glück wurde dem Schüler in diesem Moment Erleuchtung zuteil. Als der Lehrer Jahre später starb, gab er zu, dass er die Manier von seinem eigenen Lehrer übernommen hatte. Wie fragt man nun nach der Lektion dieser Geschichte? Eine Möglichkeit wäre: Was wurde dem Schüler in dem Moment bewusst, als der Lehrer ihn noch einmal rief?

Was hat dieses Koan mit Management zu tun? Bei genauerem Hinsehen eine ganze Menge: Ist die Mimesis nicht eine regelrechte Seuche in den Unternehmen geworden? Selbst Führungsratgeber empfehlen das Kopieren erfolgreicher Strategien. Was lehrt uns das nach außen hin inkonsequente Verhalten des Zenmeisters? Der Schüler wird seiner Nachahmung wegen hart bestraft, während der Lehrer am Sterbebett zugibt, die Methode von seinem eigenen Lehrer übernommen zu haben. Die Lektion lautet: Es ist ein Unterschied, ob ich jemanden imitiere oder etwas von ihm lerne. Das Nachahmen einer erfolgreichen Strategie kann nur dann zu meinem Erfolg bei-

tragen, wenn ich sie mit einer eigenen Unternehmensphilo-
sophie verbinde.

Wir alle können aus diesem Koan lernen. Denken wir doch
einmal nach, wen wir wann in welcher Absicht nachgeahmt
haben. Betrachten wir die Menschen in unserer Umgebung:
Wer kopiert wen aus welchem Grund? In vielen Unterneh-
mensführungen arbeiten die Mitarbeiter nach ein und demsel-
ben Muster. Warum wagen sie es nicht, ihre eigenen Ideen
und Überzeugungen umzusetzen?

Interessant ist in diesem Zusammenhang der Sendungsauf-
trag der Buddhisten: Jeder Buddhist ist aufgerufen, die Weisheit Buddhas weiterzutragen, allerdings muss das jeder Einzelne auf seine eigene Weise tun. Auf die Unternehmensführung übertragen heißt das: Es kommt auf den Einfallsreichtum
der einzelnen Mitarbeiter an. Die buddhistische Tradition
existiert seit über 2500 Jahren und hat immer mehr Anhänger
gefunden. Die Methode funktioniert also, und sie macht die
Menschen einfach glücklicher.

SCHREIBEN

Viele Mönche studierten in Kioto bei einem weithin berühmten, ranghohen Zenmeister, der den Titel eines Roshi führen durfte. Vier besonders begabte Schüler, die bereits mehr als zehn Jahre im Kloster verbracht hatten, sollten in Kürze ihre Ausbildung abschließen und von ihm den Ehrentitel eines Roshi erhalten. (Nur ein Roshi darf Zenmeister am Ende ihrer Ausbildung zum Roshi ernennen.) Der Jüngste der vier bekam die Auszeichnung als erster, zwei weitere durften den Titel wenige Zeit später tragen. Der vierte Mönch jedoch verließ das Kloster ein Jahr später, ohne zum Roshi ernannt worden zu sein. Warum wurde dieser begabte Mann übergangen? Erst nach weiteren zehn Jahren stieg er in die Reihen der Roshis auf. Niemand wusste genau, warum es so lange gedauert hatte, doch man munkelte, dieser besonders redegewandte Mönch habe sich entgegen der Tradition immer geweigert, seine Erkenntnisse aus der Meditation zu Papier zu bringen.

Von allem, was wir tun, sagen schriftliche Äußerungen vielleicht am meisten über unser Denken aus. Viele Menschen scheuen sich deshalb, ihre Gedanken dem Papier anzuvertrauen. Am Ende der Ausbildung oder des Studiums wird häufig eine schriftliche Abschlussarbeit verlangt. Selbst wer in der japanischen Fechtsportart Kendo den höchsten Grad erreichen will, muss einen Aufsatz über diesen Sport verfassen. Was wir geschrieben haben, reflektiert unser Denken und legt unser Inneres bloß. Dies mag auch erklären, warum so viele, die sich mit Zen beschäftigen, darüber schreiben: Sie wollen sich selbst und/oder dem Lehrer Ihre eigenen Gedanken verständlich machen. Ob das Ergebnis danach veröffentlicht wird, ist nicht wichtig. Wie immer im Zen kommt es auch hier auf den Weg, in diesem Fall also auf das Schreiben selbst an.

Viele, die ein Studium absolviert haben, kennen die Problematik. Manchen Studenten verursacht das Schreiben ihrer Examensarbeit solche Mühe, dass sie ihr Studium abbrechen – entweder weil es ihnen nicht gelingt, ihre Gedanken verständlich zu formulieren, oder weil sie es nicht wagen, ihre unausgereiften Gedanken dem Papier anzuvertrauen. Wer jedoch erkannt hat, wie sehr der Zwang, etwas aufzuschreiben, zur Klärung unserer Gedanken beiträgt, wird diese Möglichkeit nicht mehr missen wollen.

Auf der Insel Hokkaido im äußersten Norden Japans lebte ein Zenlehrer, den regelmäßig Manager aus dem weit entfernten Tokio aufsuchten. Um ihnen die Strapazen der Reise zu ersparen, schlug der Lehrer vor, sie sollten ihm einmal wöchentlich schreiben. Erstaunt stellte er fest, dass er fast alle seiner Schüler aus der japanischen Hauptstadt mahnen musste, weil sie ihm ihre Briefe schuldig blieben. Nur einer, bezeichnenderweise ein ungewöhnlich erfolgreicher Unternehmer, bat den Lehrer nach dem ersten Jahr, diese ihm mittlerweile lieb gewordene Gewohnheit beibehalten zu dürfen.

ERLEUCHTUNG

Auf die Frage, was man unter Erleuchtung zu verstehen habe, gab eine Zenlehrerin folgende Antwort: »Erleuchtung ist nichts anderes als Aufrichtigkeit. Aufrichtigkeit uns selbst, den Menschen um uns herum und der Welt gegenüber, in der wir leben. Der Weg zur Erleuchtung ist mühsam. Aufrichtig oder ehrlich zu sein, so wird gemeinhin angenommen, sei nichts anderes als immer zu sagen, was man denke. Doch das steht in diametralem Gegensatz zu unserer Auffassung von Aufrichtigkeit. Aufrichtigkeit setzt ein ständiges Bemühen voraus; sie ist nicht das Ziel, sondern ein Weg. Genauso verhält es sich mit der Erleuchtung: Wer regelmäßig meditiert, ist bereits erleuchtet, wer sich versenkt, bemüht sich um Aufrichtigkeit.«

Die Antwort erklärt, warum viele Menschen denken, Wirtschaft und spirituelle Welt seien nicht miteinander vereinbar. Kann man denn zugleich Geschäfte machen und ehrlich sein? Wenn unternehmerisches Handeln ausschließlich auf eigene Erfolge ausgerichtet ist, mag sich das Vorurteil als berechtigt erweisen. Strebt die Unternehmensführung jedoch eine insgesamt ausgewogene Bilanz an, dann schließen sich Geschäftserfolg und Aufrichtigkeit nicht aus. Wer Erleuchtung sucht, der strebt nach Aufrichtigkeit. Ein Zen-Manager wird diese Erkenntnis bei seinem unternehmerischen Handeln immer berücksichtigen. Tägliche Meditation unterstützt ihn dabei, und diese wiederum gelingt ihm umso besser, je ehrlicher er ist.

DANKSAGUNG

Besonderen Dank schulde ich meiner Frau Merel: Solange ich an diesem Buch arbeitete, ist sie morgens um fünf mit mir aufgestanden. Wir haben eine Stunde zusammen meditiert, bevor ich um sechs Uhr mit dem Schreiben begann.

Ruud Schenk unterstützte mich mit zahlreichen detaillierten Vorschlägen und wertvollen Kommentaren beim Verfassen des Manuskripts. Tom Rozijn, Stef Kroon und Peter Peters haben die vorletzte Version gegengelesen und durch viele Hinweise viel zur Verbesserung beigetragen. Peter Diderich hat die Schlussredaktion übernommen und sehr gründlich erledigt. Ihnen allen schulde ich großen Dank.

Und dem Zen-Meister von Buttsu-ji, Sokun Tsushimoto Roshi, bin ich sehr dankbar für seine Bereitschaft, die Kalligrafien zu diesem Buch anzufertigen.

VERZEICHNIS DER KALLIGRAFIEN

Vera F. Birkenbihl

Das 30-Tage-Trainings-Programm

Kommunikation und Rhetorik

Ca. 136 Seiten, Broschur
ISBN 3-7205-2409-4

Der persönliche Workshop in Buchform!

Ziel dieses Buchs ist, die kommunikativen und/oder rhetorischen Fähigkeiten zu verbessern. Dieses Buch enthält ein komplettes Seminar mit Aufgaben und Übungs-Anweisungen für ein konkretes Training. Dabei gilt es, sich einige Aspekte auszusuchen, die trainiert werden sollen und dann einen persönlichen Trainingsplan zu erstellen.

Die Aufgaben basieren auf den Ergebnissen der Hirnforschung. Die Autorin Vera F. Birkenbihl beweist seit über drei Jahrzehnten mit ihrem Konzept des »gehirn-gerechten« Vorgehens, dass Lernen mit so viel Spaß verbunden sein kann, dass einige der Trainings-Aufgaben eigentlich wie SPIELE wirken.

ARISTON

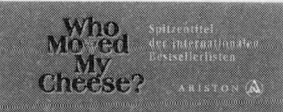

Spencer Johnson

Die Mäuse-Strategie für Manager

Veränderungen erfolgreich begegnen

100 Seiten, Gebunden mit Schutzumschlag
ISBN 3-7205-2122-2

Die Mäusestrategie ist eine leichte, humorvolle und doch
tiefsinnige Geschichte über plötzlich auftauchende
Veränderungen und wie man ihnen begegnet.
Der amerikanische Erfolgsautor Spencer Johnson
half mit der Parabel von Mäusen und Menschen schon
Tausenden von Lesern. Er fordert dazu auf,
Veränderungen nicht als Schicksal hinzunehmen,
sondern sie als Chance aktiv zu nutzen und die Entscheidung
zu treffen, die unseren Erfolg, unser Fortschreiten
und unsere Zufriedenheit bestimmt.

ARISTON

Josef Kirschner
So siegt man, ohne zu kämpfen
Die 13 Strategien gegen die Aggression im Alltag

Ein Sieger hat es nicht nötig, andere zu erniedrigen, um sich selbst zu erhöhen. Doch wie wird man zum Sieger? Kirschners Antwort ist handfest und nachvollziehbar: Sieben Siege, die jeder in seinem Leben erringen sollte, sieben Widerstände, die diesen Siegen im Wege stehen, und 13 Strategien zum Sieg über sich selbst.

Sunzi
Die Kunst des Krieges

Bereits 500 Jahre v. Chr. hat der General und Philosoph Sunzi Wahrheiten und Einsichten niedergeschrieben, die noch heute gelten. Der Sieg bei geschäftlichen Konflikten, die Duelle im menschlichen Miteinander oder der tägliche Kampf ums Überleben, in den wir alle verwickelt sind – all dies sind Formen des Krieges, und alle folgen denselben Regeln: seinen Regeln.Tsunetomo Yamamoto

Hagakure
Das Buch des Samurai

»Hagakure« ist der einzigartige Ehrenkodex für Samurais aus dem alten Japan. Durchsetzungsfähigkeit und Integrität, Entschlossenheit und Mitgefühl, Mut und Loyalität sind die Schlüsseltugenden. Das »Hagakure« ist ein spiritueller Wegweiser für den beruflichen und privaten Erfolg auch in der heutigen Welt.

Knaur
MensSana